처음 시작하는 언약론

처음 시작하는 언약론

하나님의 언약, 쉽고 친절한 핵심 정리

초판 1쇄 인쇄 2023년 4월 5일
초판 1쇄 발행 2023년 4월 10일

지은이 I 김태희
펴낸이 I 강인구

펴낸곳 I 세움북스
등 록 I 제2014-000144호
주 소 I 서울시 종로구 대학로 19 한국기독교회관 1010호
전 화 I 02-3144-3500
이메일 I cdgn@daum.net

디자인 I 참디자인
교 정 I 이윤경

ISBN 979-11-91715-73-6 (03230)

하나님의 언약, 쉽고 친절한 핵심 정리

처음 시작하는
언약론

김태희 지음

세움북스

서문

　처음으로 언약을 배웠던 순간을 잊을 수 없습니다. 언약이 성경의 핵심 주제임을 알게 되자, 꼬인 실타래가 풀리는 것처럼 성경이 이해되기 시작했습니다. 아담 언약을 통해서는 창조의 의미를 알 수 있었고, 아브라함 언약을 통해서는 가나안 정복 전쟁의 의미를 알 수 있었습니다. 모세 언약을 통해서는 하나님 나라의 의미를 알 수 있었고, 다윗 언약을 통해서는 예수님의 왕 되심을 알 수 있었습니다. 결정적으로 새 언약을 통해서는 구속사를 주관하시는 하나님의 섭리를 알 수 있었습니다.

　그래서 기회가 될 때마다 언약을 가르쳤습니다. 하지만 제대로 된 교재가 없어서 가르치는 데 어려움을 겪었습니다. 물론 언약으로 구속사를 설명하는 책이 없었던 것은 아닙니다. 예를 들어 『반더발 성경연구』는 훌륭한 언약론 교재입니다. 하지만 그 내용이 방대하여 교회에서 교재로 사용하기가 쉽지 않았습니다. 결국 "목 마른 사람이 우물 판다"는 말처럼, "그러면 내가 쓰자"라는 결론에 도달하게 되었습니다.

이 책은 처음부터 공동체를 염두에 두고 집필했습니다. 함께 읽고, 함께 질문하고, 함께 생각하는 것을 목표로 삼았습니다. 따라서 이 책은 혼자 읽기보다, 함께 읽기를 바랍니다. 지도해 주는 교역자와 함께 읽으면 금상첨화(錦上添花)입니다.

목차

1
구속 언약

곧 창세 전에 그리스도 안에서 우리를 택하사 우리로 사랑 안
에서 그 앞에 거룩하고 흠이 없게 하시려고 _ 엡 1:4

구속 언약의 배경

우리가 언약을 알아야 하는 이유는, 하나님의 구원이 언약적이기
때문입니다. 하나님은 우리와 언약을 맺으시고, 그 언약에 근거해
서 우리를 구원하십니다. 따라서 하나님의 구원을 알려면 반드시 언
약을 이해해야 합니다.

언약은 간단히 말해 하나님의 약속입니다. 우리를 구원하시기 위
해 하나님이 말씀하신 약속입니다. 하나님은 우리에게 구원을 약속
하시고, 그 약속에 근거해서 우리를 구원하십니다. 그래서 언약과
구원은 연결되어 있습니다.

성경에는 여러 가지 언약들이 있습니다. 앞으로 살펴볼 대표적인
언약들은 다음과 같습니다. 아담 언약, 노아 언약, 아브라함 언약,
모세 언약, 다윗 언약, 그리고 새 언약입니다. 그런데 이 모든 언약
의 근거가 되는 언약이 있습니다. 바로 '구속 언약'입니다.

성경은 하나님이 창세 전에 그리스도 안에서 우리를 택하셨다고 말합니다.

> 창세 전에 그리스도 안에서 우리를 택하사 _ 엡 1:4

따라서 우리는 창세 전에 성부와 성자 사이에 우리의 구원을 위한 의논이 있었음을 알 수 있습니다. 또한 성경은 하나님이 창세 전에 성령으로 우리를 거룩하게 하실 것을 예정하셨다고 말합니다.

> 하나님이 처음부터 너희를 택하사 성령의 거룩하게 하심과 진리를 믿음으로 구원을 받게 하심이니 _ 살후 2:13

따라서 우리는 창세 전에 성부와 성령 사이에도 우리의 구원을 위한 의논이 있었음을 알 수 있습니다. 바로 이것이 구속 언약입니다. 구속 언약이란 창세 전에 삼위 하나님께서 우리의 구원을 협의하시고, 각자의 사역을 분담하신 것입니다. 이 구속 언약을 따라 성부는 우리의 구원을 계획하셨고, 성자는 우리의 구원을 이루셨으며, 성령은 우리에게 구원을 적용하십니다.

구속 언약의 내용

그리스도는 자신을 세상에 보내신 분이 성부라고 말씀하셨습니다. "아들을 공경하지 아니하는 자는 그를 보내신 아버지도 공경하지 아니하느니라"(요 5:23). 그리스도는 자신에게 사명을 주신 분도 성부라고 말씀하셨습니다. "내가 하늘에서 내려온 것은 내 뜻을 행하려 함이 아니요 나를 보내신 이의 뜻을 행하려 함이니라"(요 6:38).

이처럼 그리스도는 창세 전에 성부와 맺으신 구속 언약에 근거하여 세상에 오셨습니다.

구속 언약에서 그리스도의 위치는 '교회의 머리'입니다. "그를 만물 위에 교회의 머리로 삼으셨느니라"(엡 1:22). 이것은 그리스도가 신자들의 대표라는 뜻입니다. 따라서 그리스도가 이 땅에서 행하신 모든 일은 신자들의 대표로서 하신 일입니다. 그리스도의 순종, 그리스도의 죽음, 그리스도의 부활, 이 모든 일이 교회의 머리이자 신자들의 대표로서 하신 일입니다.

바로 이것이 신자들이 의롭다 함과 죄 사함을 받는 근거입니다. 하나님은 그리스도의 순종을 보시고 신자들을 의롭게 여기십니다. 그리스도가 신자들의 대표이기 때문입니다. 하나님은 그리스도의 죽음을 보시고 신자들의 죄를 용서하십니다. 그리스도가 신자들의 대표이기 때문입니다.

구속 언약의 목적

첫째, 구속 언약은 창조의 목적이 우리의 구원임을 보여줍니다. 하나님은 창세 전에 구속 언약을 제정하셨습니다. 창세 전에 우리의 구원을 계획하셨습니다. 창조보다 구원이 먼저입니다. 그래서 성경은 세상에서 일어나는 모든 일이 우리의 구원과 관련되어 있다고 말합니다. "하나님을 사랑하는 자 곧 그의 뜻대로 부르심을 입은 자들에게는 모든 것이 합력하여 선을 이루느니라"(롬 8:28).

둘째, 구속 언약은 우리의 구원이 전적으로 하나님의 은혜임을 보여줍니다. 하나님은 우리가 태어나기도 전에 우리의 구원을 계획하셨습니다. 성부는 창세 전에 우리를 선택하셨고, 성자는 창세 전에 우리의 머리가 되셨습니다. "곧 창세 전에 그리스도 안에서 우리를 택하사"(엡 1:4). 따라서 우리는 구원의 공로를 자신에게 돌려서는 안 됩니다. 구원은 전적으로 삼위 하나님의 사역이자, 삼위 하나님의 은혜입니다.

셋째, 구속 언약은 우리의 구원이 참으로 완전함을 보여줍니다. 우리의 구원은 삼위 하나님이 맺은 구속 언약에 근거합니다. 구속 언약에 근거하여 성부 하나님은 우리에게 성자 하나님을 보내셨고, 성자 하나님은 우리를 위해 죽으셨으며, 성령 하나님은 우리를 거룩하게 하십니다. 성부와 성자와 성령의 사역은, 창세 전에 맺은 구속 언약에 근거하고 있습니다. 따라서 우리의 구원은 흔들리거나 취소되지 않습니다.

나눔을 위한 질문

Q 왜 우리는 언약에 대해서 알아야 합니까?

Q 삼위 하나님께서 창세 전에 우리의 구원을 협의하신 것을 무엇이라고 합니까?

Q 구속 언약에서 그리스도의 위치는 무엇입니까?

Q 하나님이 신자들을 의롭다 하시는 근거는 무엇입니까?

Q 구속 언약이 보여주는 창조의 목적은 무엇입니까?

Q 우리의 구원이 참으로 완전한 이유는 무엇입니까?

언약으로 본 구속사

구속 언약 → 아담 언약 → 원시 복음 → 노아 언약 → 아브라함 언약 → 모세 언약 → 다윗 언약 → 새 언약

구속 언약	창세 전에 삼위 하나님께서 우리의 구원을 협의하시고, 각자의 사역을 분담하신 언약
언약의 근거	우리의 구원자는 교회의 머리이시다.

2
아담 언약

선악을 알게 하는 나무의 열매는 먹지 말라 네가 먹는 날에는
반드시 죽으리라 _ 창 2:17

아담 언약의 배경

하나님이 인류와 처음으로 맺으신 언약은 여러 가지 이름을 가지고 있습니다. 언약의 당사자가 아담이기 때문에 '아담 언약'으로 불리며, 언약의 목적이 영생이기 때문에 '생명 언약'으로 불리고, 언약을 성취하는 수단이 순종이기 때문에 '행위 언약'으로 불립니다. 여기서는 다른 언약들과의 통일성을 위해 아담 언약으로 부르겠습니다.

아담 언약은 하나님이 아담과 맺으신 언약입니다. 하지만 아담은 평범한 개인이 아닙니다. 아담은 온 인류의 대표입니다. 따라서 아담 언약은 하나님과 온 인류가 맺은 언약입니다. 아담이 온 인류의 대표라고 하는 것은 다음 구절에 잘 나타납니다.

기록된 바 첫 사람 아담은 생령이 되었다 함과 같이 마지막 아담은 살려 주는 영이 되었나니 _ 고전 15:45

여기시 "첫 사람 아담"은 아담을 말하고, "마지막 아담"은 예수님을 말합니다. 예수님을 마지막 아담이라고 하는 이유는, 아담이라는 명칭에 대표라는 뜻이 담겨 있기 때문입니다. 예수님이 신자들의 대표이듯이 아담은 온 인류의 대표입니다.

아담이 온 인류의 대표이기 때문에, 아담의 모든 후손은 아담 언약의 영향 아래 있습니다. 그래서 성경은 아담이 에덴에서 범죄했을 때, 모든 인류가 함께 범죄했다고 말합니다.

> 그러므로 한 사람으로 말미암아 죄가 세상에 들어오고 죄로 말미암아 사망이 들어왔나니 이와 같이 모든 사람이 죄를 지었으므로 사망이 모든 사람에게 이르렀느니라 _ 롬 5:12

하나님의 언약들은 취소되지 않습니다. 새로운 언약이 더해지는 것이지 이전의 언약들이 취소되는 것은 아닙니다. 따라서 아담 언약은 지금도 유효합니다. 예수님을 믿지 않는 자들은 지금도 아담 언약 아래 있습니다.

그래서 불신자들이 구원을 얻는 방법은 아담 언약을 성취하는 것입니다. 하나님이 아담에게 온전한 순종을 요구하셨듯이, 하나님의 율법에 온전히 순종하는 것이 불신자들이 구원을 얻는 방법입니다. 하지만 아담이 타락한 이후로는 아무도 율법을 온전히 지킬 수 없습니다. 그래서 예수님이 없는 자들에게는 구원도 없습니다.

아담 언약의 내용

하나님은 아담과 다음과 같은 언약을 맺으셨습니다.

선악을 알게 하는 나무의 열매는 먹지 말라 네가 먹는 날에는 반드시 죽으리라창 _ 창 2:17

바로 이것이 행위 언약이라고도 하는 아담 언약의 내용입니다. 우리는 여기서 다음과 같은 사실들을 알 수 있습니다.

첫째, 아담 언약으로 구원을 얻기 위해서는 율법에 순종해야 합니다. 하나님은 아담에게 선악을 알게 하는 나무의 열매를 먹지 말라고 명령하셨습니다. 아담은 이 율법에 순종해야 했습니다.

둘째, 아담 언약으로 구원을 얻기 위해서는 율법에 완전히 순종해야 합니다. 성경은 다음과 같이 말합니다. "누구든지 온 율법을 지키다가 그 하나를 범하면 모두 범한 자가 되나니"(약 2:10). 이처럼 하나님이 요구하신 순종은 철저하고 완전한 순종이었습니다.

셋째, 아담 언약에 불순종한 결과는 죽음입니다. "네가 먹는 날에는 반드시 죽으리라." 하나님은 아담 언약에 불순종할 때, 죽음으로 벌하겠다고 말씀하셨습니다.

지금 우리의 시각으로 볼 때 아담 언약은 매우 불합리하게 보입니다. 율법을 온전히 지킬 수 있는 사람은 없기 때문입니다. 하지만 당시 아담에게는 전혀 불합리한 언약이 아니었습니다. 타락하기 전의 아담에게는 율법을 온전히 지킬 수 있는 능력이 있었기 때문입니다.

그것은 자유의지 때문입니다. 하나님은 아담에게 자유의지를 주셨습니다. 자유의지란 자유롭게 선과 악을 택할 수 있는 능력입니다. 타락한 인류에게는 자유의지가 없지만, 타락하기 전의 아담에게는 자유의지가 있었습니다. 따라서 하나님이 아담에게 완전한 순종을 요구하신 것은 지나친 요구가 아니었습니다.

아담 언약을 행위 언약이라고 부르지만 아담 언약에 은혜의 요소가 전혀 없는 것은 아닙니다. 사실 하나님이 사람과 언약을 맺으신 것 자체가 은혜입니다. 하나님과 사람 사이에는 영원한 격차가 있습니다. 그런데 하나님이 자신을 낮추셔서 사람과 언약을 맺어주셨습니다. 따라서 아담 언약은 본질적으로 은혜로운 언약입니다.

아담 언약의 목적

아담에게는 두 가지 선택지가 있었습니다. 첫째, 아담 언약에 순종하여 영광의 상태에 이르는 것입니다. 둘째, 아담 언약에 불순종하여 타락의 상태에 이르는 것입니다. 이 가운데 하나님이 원하신 것은 영광의 상태입니다.

창조 당시의 아담은 최고 수준의 상태, 즉 영광스러운 상태는 아니었습니다. 아담은 언약에 순종하는 것을 통해 더 나은 상태, 즉 영광스러운 상태에 도달할 수 있었습니다. 따라서 하나님이 아담과 언약을 맺으신 목적은, 인류를 최고 수준의 상태, 즉 영광스러운 상태에 이르게 하는 데 있었습니다.

하지만 아담은 영광에 이르는 선택 대신 타락에 이르는 선택을 하고 말았습니다. 그리고 아담의 행동은 모든 인류를 죄와 비참에 처하게 만들었습니다. 아담은 평범한 개인이 아니라, 모든 인류의 대표였기 때문입니다.

나눔을 위한 질문

Q 하나님이 인류와 처음으로 맺으신 언약을 다음과 같이 각각 다르게 부르는 이유는 무엇입니까?

① 아담 언약 :

② 생명 언약 :

③ 행위 언약 :

Q 하나님은 아담 언약을 누구와 맺으셨습니까?

Q 왜 아담이 에덴에서 범죄한 것이 모든 인류가 범죄한 것이나 마찬가지입니까?

Q 아담 언약은 지금도 유효합니까? 지금 아담 언약의 영향 아래 있는 자들은 누구입니까?

Q 아담 언약으로 구원을 얻는 방법은 무엇입니까?

Q 왜 아담에게는 아담 언약이 불합리한 언약이 아닙니까?

Q 아담 언약은 어떤 점에서 하나님의 은혜입니까?

Q 하나님이 아담과 아담 언약을 맺으신 목적은 무엇입니까?

언약으로 본 구속사

| 구속
언약 | → | 아담
언약 | → | 원시
복음 | → | 노아
언약 | → | 아브라함
언약 | → | 모세
언약 | → | 다윗
언약 | → | 새
언약 |

구속 언약 언약의 근거	창세 전에 삼위 하나님께서 우리의 구원을 협의하시고, 각자의 사역을 분담하신 언약
	우리의 구원자는 교회의 머리이시다.
아담 언약 행위 언약	하나님이 인류를 영광의 상태에 이르게 하시려고 완전한 순종을 조건으로 맺으신 언약
	우리의 구원자는 마지막 아담이시다.

3
원시 복음

내가 너로 여자와 원수가 되게 하고 네 후손도 여자의 후손과
원수가 되게 하리니 여자의 후손은 네 머리를 상하게 할 것이
요 너는 그의 발꿈치를 상하게 할 것이니라 하시고 _ 창 3:15

원시 복음의 배경

하나님은 아담과 완전한 순종을 조건으로 아담 언약을 맺으셨습니다. 아담은 언약에 순종하는 것을 통해 영광에 이를 수 있었고, 언약에 불순종하는 것을 통해 타락에 이를 수도 있었습니다. 결과적으로 아담은 불순종했고, 타락했습니다.

아담의 불순종은 아담 한 사람에게만 해당되는 문제가 아니었습니다. 아담은 온 인류의 대표 자격으로 하나님과 언약을 맺었기 때문입니다. 따라서 아담의 불순종은 온 인류의 불순종이나 마찬가지였습니다. 이로써 아담뿐만 아니라 온 인류가 죄와 사망의 저주 아래 놓이게 되었습니다. 바로 그때 하나님은 원시 복음을 약속하셨습니다. 이 약속을 원시 복음이라고 하는 이유는, 여기서 예수님이 처음으로 약속되었기 때문입니다.

원시 복음은 형식상 뱀을 저주하는 형태로 선포되었지만, 그 내

용은 아담에게 주신 구원의 약속이었습니다. 따라서 원시 복음은 하나님이 아담과 새롭게 체결하신 두 번째 언약입니다. 하지만 두 언약은 성격이 완전히 다릅니다. 하나님이 아담과 처음으로 맺으신 언약은 행위 언약이었지만, 하나님이 아담과 두 번째로 맺으신 언약은 은혜 언약이었습니다.

원시 복음의 내용

하나님은 사탄을 다음과 같이 저주하셨습니다.

> 내가 너로 여자와 원수가 되게 하고 네 후손도 여자의 후손과 원수가 되게 하리니 여자의 후손은 네 머리를 상하게 할 것이요 너는 그의 발꿈치를 상하게 할 것이니라 _ 창 3:15

바로 이것이 원시 복음이라고도 하는, 두 번째 아담 언약입니다. 우리는 여기서 다음과 같은 사실들을 알 수 있습니다.

첫째, 죄로 인해 세상이 나누어졌습니다. 하나님은 원시 복음에서 두 종류의 인류를 말씀하셨습니다. 여자의 후손과 사탄의 후손입니다. 여자의 후손은 하나님의 백성을 말하고, 사탄의 후손은 하나님을 떠난 사람들을 말합니다. 죄가 들어온 이후로 세상은 하나님 나라와 세상 나라로 나누어졌습니다.

둘째, 하나님은 자기 백성들을 지키십니다. 하나님은 원시 복음에서 사탄과 여자가 원수가 될 것이라고 말씀하셨습니다. 여기서 여자는 하나님의 백성들을 말합니다. 따라서 이 말씀은 하나님의 백성들이 사탄에게 적개심을 가지게 된다는 뜻입니다. 바로 이 적개심으로 인하여 하나님의 백성들은 사탄의 유혹에 완전히 넘어가지 않습니다. 하나님의 백성들도 일시적으로 죄를 지을 수 있지만, 사탄에게 완전히 미혹되거나 하나님을 완전히 떠나지 않습니다.

셋째, 하나님은 언젠가 구원자를 보내십니다. 하나님은 원시 복음에서 여자의 후손이 사탄의 머리를 부술 것이라고 말씀하셨습니다. 여기서 여자의 후손은 예수님을 말합니다. 언젠가 예수님이 오셔서 하나님의 백성들을 죄와 사망에서 구원하실 것입니다.

원시 복음의 목적

하나님이 원시 복음을 약속하신 이유는, 이제 사람의 행위로는 구원을 얻는 것이 불가능하기 때문입니다. 사람이 타락한 이후로는 오직 하나님의 은혜로만 구원이 가능합니다.

은혜의 핵심은 여자의 후손, 즉 예수님입니다. 하나님이 예수님을 이 땅에 보내시는 이유는, 예수님이 아니고서는 아무도 하나님의 백성들을 구원할 수 없기 때문입니다.

> 하나님은 한 분이시요 또 하나님과 사람 사이에 중보자도 한 분이시니 곧
> 사람이신 그리스도 예수라 _ 딤전 2:5

예수님만이 우리의 구원자가 되시는 이유는, 예수님만이 하나님이면서 동시에 사람이시기 때문입니다. 즉, 하나님일 것과 사람일 것이 구원자의 조건입니다. 예수님이 사람이어야 하는 이유는 우리를 대표해서 죽으셔야 하기 때문입니다. 하나님으로서는 죽으실 수 없으므로, 예수님은 반드시 사람이어야 합니다.

예수님이 하나님이어야 하는 이유는, 예수님의 죽음이 모든 신자들을 구원할만한 가치를 가져야 하기 때문입니다. 짐승도, 사람도

그만한 가치를 가질 수 없습니다. 오직 하나님만이 그만한 가치를 가질 수 있습니다. 바로 그러한 이유로 우리의 구원자는 하나님인 동시에 사람이어야 하고, 바로 그것이 하나님이신 예수님께서 사람으로 이 세상에 오신 이유입니다.

Q 원시 복음이라는 이름이 붙여진 이유는 무엇입니까?

Q 하나님이 아담과 맺으신 두 언약은 어떤 점에서 크게 다릅니까?

Q 원시 복음을 통해 알 수 있는 세 가지는 무엇입니까?

Q 하나님이 원시 복음을 약속하신 이유는 무엇입니까?

Q 예수님만이 우리의 구원자가 되시는 이유는 무엇입니까?

언약으로 본 구속사

구속
언약 → 아담
언약 → 원시
복음 → 노아
언약 → 아브라함
언약 → 모세
언약 → 다윗
언약 → 새
언약

구속 언약 언약의 근거	창세 전에 삼위 하나님께서 우리의 구원을 협의하시고, 각자의 사역을 분담하신 언약
	우리의 구원자는 교회의 머리이시다.
아담 언약 행위 언약	하나님이 인류를 영광의 상태에 이르게 하시려고 완전한 순종을 조건으로 맺으신 언약
	우리의 구원자는 마지막 아담이시다.
원시 복음 은혜 언약	타락한 인류에게 최초로 예수님을 믿음으로써 구원 얻을 것을 약속하신 언약
	우리의 구원자는 여자의 후손이시다.

4
노아 언약

내가 다시는 사람으로 말미암아 땅을 저주하지 아니하리니 이는 사람의 마음이 계획하는 바가 어려서부터 악함이라 내가 전에 행한 것 같이 모든 생물을 다시 멸하지 아니하리니 땅이 있을 동안에는 심음과 거둠과 추위와 더위와 여름과 겨울과 낮과 밤이 쉬지 아니하리라 _ 창 8:21-22

내가 너희와 언약을 세우리니 다시는 모든 생물을 홍수로 멸하지 아니할 것이라 땅을 멸할 홍수가 다시 있지 아니하리라 하나님이 이르시되 내가 나와 너희와 및 너희와 함께 하는 모든 생물 사이에 대대로 영원히 세우는 언약의 증거는 이것이니라 내가 내 무지개를 구름 속에 두었나니 이것이 나와 세상 사이의 언약의 증거니라 _ 창 9:11-13

노아 언약의 배경

하나님은 아담에게 자유의지를 주셨습니다. 선과 악을 자유롭게 선택할 수 있는 능력을 주셨습니다. 아담은 선을 택하여 영광에 이를 수 있었고, 악을 택하여 타락에 이를 수도 있었습니다. 안타깝게도 아담은 악을 택했습니다. 그 결과 아담뿐만 아니라, 아담의 후손들도 죄와 비참에 처하게 되었습니다.

처음 시작하는 언약론

> 그러므로 한 사람으로 말미암아 죄가 세상에 들어오고 죄로 말미암아 사
> 망이 들어왔나니 이와 같이 모든 사람이 죄를 지었으므로 사망이 모든 사
> 람에게 이르렀느니라 _ 롬 5:12

죄와 사망이 세상에 들어온 이후 이 세상은 하나님 나라와 세상 나라로, 하나님의 백성과 사탄의 백성으로 양분되었습니다. 이 사실을 선명하게 보여주는 사람이 가인과 아벨입니다. 가인은 세상 나라에 속한 사람이었고, 아벨은 하나님 나라에 속한 사람이었습니다.

비록 세상에 죄가 들어왔지만, 여전히 믿음을 지키는 사람들이 있었습니다. 에녹과 같은 하나님의 백성들은 최선을 다해 하나님께 순종했습니다. 하지만 죄의 영향력은 강력했습니다. 아담의 제9대손인 노아의 시대에는, 노아의 가정을 제외하고는 아무도 하나님을 예배하지 않았습니다. 성경은 당시의 모습을 다음과 같이 말합니다.

> 하나님의 아들들이 사람의 딸들의 아름다움을 보고 자기들이 좋아하는
> 모든 여자를 아내로 삼는지라 _ 창 6:2

이것은 당시의 타락상을 보여주는 말씀입니다. 하나님의 백성들이 사탄의 백성들과 혼인할 정도로 세상에는 죄가 창궐하게 되었습니다.

그 결과 하나님은 온 세상을 심판하셨습니다. 온 세상에 홍수가 닥쳤고, 노아의 가족을 제외한 모든 사람이 생명을 잃었습니다. 대략 일 년의 시간이 지난 후, 노아와 그의 가족들은 방주에서 나왔습니다. 하나님이 그때 노아와 체결하신 언약이 바로 노아 언약입니다.

노아 언약의 내용

하나님은 노아와 다음과 같은 언약을 맺으셨습니다.

> 내가 다시는 사람으로 말미암아 땅을 저주하지 아니하리니 이는 사람의
> 마음이 계획하는 바가 어려서부터 악함이라 내가 전에 행한 것 같이 모든
> 생물을 다시 멸하지 아니하리니 땅이 있을 동안에는 심음과 거둠과 추위
> 와 더위와 여름과 겨울과 낮과 밤이 쉬지 아니하리라 _ 창 8:21-22

> 내가 너희와 언약을 세우리니 다시는 모든 생물을 홍수로 멸하지 아니할
> 것이라 땅을 멸할 홍수가 다시 있지 아니하리라 하나님이 이르시되 내가
> 나와 너희와 및 너희와 함께 하는 모든 생물 사이에 대대로 영원히 세우는
> 언약의 증거는 이것이니라 내가 내 무지개를 구름 속에 두었나니 이것이
> 나와 세상 사이의 언약의 증거니라 _ 창 9:11-13

우리는 여기서 다음과 같은 사실들을 알 수 있습니다.

첫째, 노아 언약은 은혜 언약입니다. 하나님이 인류와 맺으신 첫 번째 언약인 아담 언약은 행위 언약이었습니다. 아담은 언약의 수혜를 입기 위해서 율법에 온전히 순종해야 했습니다. 하지만 노아 언약은 사람의 행위와 상관없습니다. 노아 언약은 하나님께서 은혜로 성취해 주시는 은혜 언약입니다.

사실 아담 언약 이후의 모든 언약은 은혜 언약입니다. 그 이유는 인류의 범죄와 타락 때문입니다. 타락한 인류는 스스로의 능력으로 구원에 이를 수 없으므로, 하나님께서 은혜로 구원의 길을 열어 주셔야 합니다.

둘째, 노아 언약은 보존 언약입니다. 하나님이 다시는 땅과 생물을 멸하지 않겠다고 약속하셨으므로 창조세계는 예수님의 재림 때까지 보존될 것입니다. 따라서 우리는 인류의 생명을 위협하는 전

지구적인 재난을 두려워할 필요가 없습니다. 지구는 마지막 날까지 지금의 모습을 유지할 것입니다.

셋째, 노아 언약은 재창조 언약입니다. 하나님이 노아에게 주신 복은(창 9:1), 태초에 아담에게 주신 복과 같습니다(창 1:28). 아담의 후손이 온 세상에 가득하게 되었던 것처럼, 이제 노아의 후손이 온 세상에 가득하게 될 것입니다. "하나님이 노아와 그 아들들에게 복을 주시며 그들에게 이르시되 생육하고 번성하여 땅에 충만하라"(창 9:1)

노아 언약의 목적

하나님이 노아와 언약을 맺으신 목적은 다음과 같습니다.

첫째, 사람들이 지나친 두려움에 빠지지 않고, 정상적인 생활을 유지하는 것입니다. 노아 언약은 크게 두 가지 배경 속에서 체결되었습니다. 전 인류의 타락과(창 6:5) 전 세계적인 심판입니다(창 7:21). 따라서 사람들은 죄가 창궐할 때마다 하나님이 노아 때처럼 세상을 심판하실지 모른다는 두려움을 가질 수 있었습니다. 그래서 하나님은 사람들이 심각한 두려움에 사로잡히지 않고, 정상적인 삶을 유지할 수 있도록 노아 언약을 체결해 주셨습니다.

둘째, 하나님이 죄와 타락을 통제하신다는 사실을 보여주는 것입니다. 만약 하나님이 은혜를 제거하신다면, 세상은 또다시 노아 시대처럼 변할 것입니다. 그러면 하나님은 또다시 온 세상을 심판하실 것입니다. 따라서 노아의 홍수가 반복되지 않는다는 사실은, 노아 시대처럼 세상이 타락하지 않도록 하나님이 은혜를 베푸실 것을 의미합니다.

셋째, 원시 복음에 대한 믿음을 강화시키는 것입니다. 하나님은 원시 복음에서 여자의 후손을 약속하셨습니다. 언젠가 여자의 후손이 오시려면, 세상은 멸망하지 않고 보존되어야 합니다. 하나님의 백성들은 노아 언약을 통해, 구원자가 오실 때까지 세상이 안전하게 보존된다는 믿음을 가질 수 있었습니다. 구약의 신자들은 노아 언약을 통해 오실 예수님에 대한 믿음을 확고하게 가질 수 있었고, 신약의 신자들은 노아 언약을 통해 다시 오실 예수님에 대한 믿음을 확고하게 가질 수 있습니다.

나눔을 위한 질문

Q 죄가 세상에 들어온 이후 이 세상에는 어떤 변화가 일어났습니까?

Q 죄의 영향력으로 인해 노아의 시대에는 어떤 일이 일어났습니까?

Q 노아 언약의 특징은 무엇입니까?

①

②

③

Q 노아 언약의 목적은 무엇입니까?

①

②

③

언약으로 보는 구속사

구속 언약	→	아담 언약	→	원시 복음	→	노아 언약	→	아브라함 언약	→	모세 언약	→	다윗 언약	→	새 언약

구속 언약 언약의 근거	창세 전에 삼위 하나님께서 우리의 구원을 협의하시고, 각자의 사역을 분담하신 언약
	우리의 구원자는 교회의 머리이시다.
아담 언약 행위 언약	하나님이 인류를 영광의 상태에 이르게 하시려고 완전한 순종을 조건으로 맺으신 언약
	우리의 구원자는 마지막 아담이시다.
원시 복음 은혜 언약	타락한 인류에게 최초로 예수님을 믿음으로써 구원 얻을 것을 약속하신 언약
	우리의 구원자는 여자의 후손이시다.
노아 언약 은혜 언약	예수님이 (다시) 오실 때까지 세상이 보존될 것을 약속하신 언약
	구원자가 오실 때까지 세상은 보존된다.

5
아브라함 언약

여호와께서 아브람에게 이르시되 너는 너의 고향과 친척과 아
버지의 집을 떠나 내가 네게 보여 줄 땅으로 가라 내가 너로 큰
민족을 이루고 네게 복을 주어 네 이름을 창대하게 하리니 너
는 복이 될지라 너를 축복하는 자에게는 내가 복을 내리고 너
를 저주하는 자에게는 내가 저주하리니 땅의 모든 족속이 너로
말미암아 복을 얻을 것이라 하신지라 _ 창12:1–3

아브라함 언약의 배경

하나님은 "사람의 죄악이 세상에 가득함과 그의 마음으로 생각하
는 모든 계획이 항상 악할 뿐임을" 보셨습니다(창 6:5). 결국 하나님
은 온 세상을 심판하셨습니다. 그리고 노아와 함께 새로운 세상을
시작하셨습니다.

하지만 홍수 심판 이후에도 죄는 사라지지 않았습니다. 그것을
잘 보여주는 것이 바벨탑 사건입니다. 성경은 사람들이 바벨탑을 건
설한 이유를 다음과 같이 말합니다.

성읍과 탑을 건설하여 그 탑 꼭대기를 하늘에 닿게 하여 우리 이름을 내고
온 지면에 흩어짐을 면하자 _ 창 11:4

사람들이 바벨탑을 건설한 이유는 크게 두 가지입니다. 첫째, 사람의 이름을 내는 것입니다. 둘째, 흩어짐을 면하는 것입니다. 두 가지 모두 하나님의 뜻과 상반됩니다. 하나님이 원하시는 것은 사람의 이름이 아니라 하나님의 이름이 드러나는 것이고, 사람들이 한곳에 모여 사는 것이 아니라 온 세상에 흩어지는 것입니다(창 9:1).

이처럼 홍수 이후에도 죄는 사라지지 않았습니다. 오히려 사람들은 더 노골적으로 죄를 지었습니다. 하지만 하나님은 노아의 홍수와 같은 전 지구적인 심판을 내리지 않으셨습니다. 노아 언약 때문입니다. 그 대신 하나님은 한 사람을 부르셨습니다. 바로 믿음의 조상이라고 불리는 아브라함입니다.

하나님이 아브라함을 선택하신 것은 여러 면에서 특별합니다. 그 이유는 다음과 같습니다. 첫째, 아브라함은 우상숭배자였습니다.

> 여호수아가 모든 백성에게 이르되 이스라엘의 하나님 여호와께서 이같이 말씀하시기를 옛적에 너희의 조상들 곧 아브라함의 아버지, 나홀의 아버지 데라가 강 저쪽에 거주하여 다른 신들을 섬겼으나 내가 너희의 조상 아브라함을 강 저쪽에서 이끌어 내어 가나안 온 땅에 두루 행하게 하고 _ 수 24:2-3

여호수아의 증언처럼 아브라함과 그의 가족들은 우상숭배자였습니다. 그럼에도 불구하고 하나님은 아브라함을 선택하셨습니다.

둘째, 아브라함은 나이 많은 노인이었고, 그의 아내는 불임이었습니다.

> 아브람이 하란을 떠날 때에 칠십오 세였더라 _ 창 12:4

> 사래는 임신하지 못하므로 자식이 없었더라 _ 창 11:30

하나님이 아브라함을 부르실 때 그의 나이는 75세였습니다. 그리고 아브라함의 아내 사라는 오랫동안 자녀를 가지지 못한 여성이었습니다. 그럼에도 불구하고 하나님은 아브라함을 선택하셨습니다.

아브라함 언약의 내용

하나님은 아브라함과 다음과 같은 언약을 맺으셨습니다.

> 여호와께서 아브람에게 이르시되 너는 너의 고향과 친척과 아버지의 집을 떠나 내가 네게 보여줄 땅으로 가라 내가 너로 큰 민족을 이루고 네게 복을 주어 네 이름을 창대하게 하리니 너는 복이 될지라 너를 축복하는 자에게는 내가 복을 내리고 너를 저주하는 자에게는 내가 저주하리니 땅의 모든 족속이 너로 말미암아 복을 얻을 것이라 하신지라 _ 창 12:1-3

우리는 여기서 다음과 같은 사실들을 알 수 있습니다.

첫째, 아브라함 언약은 은혜 언약입니다. 하나님은 주권적으로 아브라함을 선택하시고, 주권적으로 아브라함에게 복을 약속하셨습니다. 아브라함의 나이가 많고, 아브라함의 아내가 불임일지라도 하나님의 언약은 반드시 성취될 것입니다.

둘째, 아브라함 언약은 땅에 관한 언약입니다. 하나님은 아브라함에게 땅을 주겠다고 약속하셨습니다. 하나님이 약속하신 땅은 가나안입니다. 이 약속은 여호수아를 통해 성취될 것입니다.

셋째, 아브라함 언약은 후손에 관한 언약입니다. 하나님은 아브라함의 후손이 큰 민족을 이룰 것이라고 약속하셨습니다. 이 약속은 구약 시대에는 이스라엘 민족을 통해서, 신약 시대에는 믿음으로 아브라함의 후손이 되는 모든 신자들을 통해서 성취될 것입니다.

넷째, 아브라함 언약은 복에 관한 언약입니다. 하나님은 아브라함이 복이 될 것이라고 약속하셨습니다. 이 약속은 예수님이 아브라함의 후손으로 오심으로써 성취될 것입니다. 아브라함은 예수님의 육신의 조상이 됨으로써 세상의 복이 될 것입니다.

다섯째, 아브라함 언약은 하나님 나라에 관한 언약입니다. 하나님이 약속하신 땅과 민족은 나라를 세우는 데 필요한 것들입니다. 실제로 하나님은 아브라함의 후손들에게 땅과 민족을 주셔서, 이스라엘이라고 하는 국가를 세우도록 하셨습니다.

아브라함 언약의 목적

하나님이 아브라함과 언약을 맺으신 목적은 다음과 같습니다.

첫째, 구원이 하나님의 은혜임을 보여주기 위해서입니다. 여호수아의 증언처럼 아브라함은 우상숭배자였습니다. 아브라함은 다른 사람들보다 더 나을 것이 없는 사람이었습니다. 그럼에도 하나님은 아브라함을 선택하시고 부르셨습니다. 하나님의 백성으로 택함 받는 것은 전적으로 하나님의 은혜입니다.

둘째, 아브라함의 후손을 통해 세상에 복을 주시기 위해서입니다. 구약 시대 아브라함의 후손은 이스라엘입니다. 이스라엘은 하나님의 영광을 드러내는 통로로 쓰임 받았습니다. 신약 시대 아브라함의 후손은 교회입니다. 교회는 그리스도의 복음을 드러내는 통로로 쓰임 받고 있습니다. 결정적으로 예수님이 아브라함의 후손으로 오셨습니다.

셋째, 믿음으로 의롭게 됨을 보여주기 위해서입니다. 하나님은 아브라함에게 후손을 약속하셨습니다. 현실적으로 하나님의 약속은 실현 불가능했습니다. 아브라함은 고령이었고, 아브라함의 아내는 불임이었기 때문입니다. 하지만 아브라함은 하나님의 약속이 이루어질 것이라고 믿었습니다. 하나님은 이 믿음을 보시고 아브라함을 의롭다고 하셨습니다. "아브람이 여호와를 믿으니 여호와께서 이를 그의 의로 여기시고"(창 15:6). 이처럼 구원을 얻는 방법은 구약 시대와 신약 시대가 동일합니다. 모두 믿음입니다.

🅠 홍수 심판 이후에도 죄가 사라지지 않았음을 보여주는 사건은 무엇입니까?

🅠 하나님이 아브라함을 선택하신 것은 어떤 점에서 특별합니까?

🅠 아브라함 언약은 어떤 언약입니까?

①

②

③

④

⑤

🅠 하나님이 아브라함과 언약을 맺으신 목적은 무엇입니까?

①

②

③

언약으로 보는 구속사

| 구속 언약 | → | 아담 언약 | → | 원시 복음 | → | 노아 언약 | → | 아브라함 언약 | → | 모세 언약 | → | 다윗 언약 | → | 새 언약 |

구속 언약 언약의 근거	창세 전에 삼위 하나님께서 우리의 구원을 협의하시고, 각자의 사역을 분담하신 언약
	우리의 구원자는 교회의 머리이시다.
아담 언약 행위 언약	하나님이 인류를 영광의 상태에 이르게 하시려고 완전한 순종을 조건으로 맺으신 언약
	우리의 구원자는 마지막 아담이시다.
원시 복음 은혜 언약	타락한 인류에게 최초로 예수님을 믿음으로써 구원 얻을 것을 약속하신 언약
	우리의 구원자는 여자의 후손이시다.
노아 언약 은혜 언약	예수님이 (다시) 오실 때까지 세상이 보존될 것을 약속하신 언약
	구원자가 오실 때까지 세상은 보존된다.
아브라함 언약 은혜 언약	아브라함의 후손을 통해 세상에 복 주실 것을 약속하신 언약
	우리의 구원자는 아브라함의 후손이시다.

6
모세 언약

세계가 다 내게 속하였나니 너희가 내 말을 잘 듣고 내 언약을
지키면 너희는 모든 민족 중에서 내 소유가 되겠고 너희가 내게
대하여 제사장 나라가 되며 거룩한 백성이 되리라 _ 출19:5-6

모세 언약의 배경

하나님은 아브라함에게 큰 민족을 약속하셨습니다. "내가 너로
큰 민족을 이루고"(창 12:2). 이 약속은 모세 시대에 성취되었습니다.
"이스라엘 자손은 생육하고 불어나 번성하고 매우 강하여 온 땅에
가득하게 되었더라"(출 1:7).

하나님이 아브라함에게 큰 민족을 약속하신 이유는, 타락한 세상
나라 가운데 거룩한 하나님 나라를 세우기 위해서입니다. 따라서 아
브라함의 후손인 이스라엘은 거룩한 백성, 거룩한 나라가 되어야 합
니다. 그래서 하나님은 모세를 통해 이스라엘과 언약을 체결하십니
다. 바로 모세 언약입니다. 따라서 모세 언약은 하나님의 백성답게
사는 법, 거룩한 나라가 되는 법에 관한 것입니다.

모세 언약은 가장 복잡하고 방대한 언약입니다. 레위기와 신명기
대부분이 모세 언약일 정도입니다. 그래서 모세 언약은 다른 언약들

처럼 몇 문장으로 요약하기 어렵습니다. 그럼에도 모세 언약을 요약한다면, '십계명'이라고 할 수 있습니다. 모세 언약의 핵심은 십계명입니다.

많은 사람들이 십계명을 구원의 방도로 생각합니다. 십계명을 지켜서 의롭게 되고, 십계명을 지켜서 구원을 받는다고 생각합니다. 하지만 아담 언약 이후의 모든 언약은 은혜 언약입니다. 따라서 모세 언약도, 그리고 모세 언약의 핵심인 십계명도 은혜 언약입니다.

모세 언약이 은혜 언약임을 보여주는 근거는, 하나님이 모세와 언약을 맺으신 시기입니다. 하나님은 이스라엘을 애굽에서 구원하신 다음에 언약을 맺으셨습니다. 하나님은 이스라엘에게 은혜를 베푸신 후에 십계명을 주셨습니다. 따라서 모세 언약은 구원의 방도가 아닙니다. 십계명은 구원의 결과로써 주어진 것이지, 구원의 조건으로 주어진 것이 아닙니다.

모세 언약의 내용

모세 언약은 크게 네 부분으로 나눌 수 있습니다. 첫째, 출애굽 언약. 둘째, 종주권 언약. 셋째, 십계명 언약. 넷째, 의식법입니다. 하나씩 살펴보겠습니다.

첫째, 출애굽 언약

하나님은 모세에게 다음과 같이 말씀하셨습니다.

> 여호와께서 이르시되 내가 애굽에 있는 내 백성의 고통을 분명히 보고 그들이 그들의 감독자로 말미암아 부르짖음을 듣고 그 근심을 알고 내가 내려가서 그들을 애굽인의 손에서 건져내고 그들을 그 땅에서 인도하여 아름

담고 광대한 땅, 젖과 꿀이 흐르는 땅 곧 가나안 족속, 헷 족속, 아모리 족속, 브리스 족속, 히위 족속, 여부스 족속의 지방에 데려가려 하노라 _ 출 3:7-8

하나님은 애굽에서 종살이하는 이스라엘을 구원하겠다고 약속하셨습니다. 하나님은 이스라엘을 가나안으로 인도하겠다고 약속하셨습니다. 따라서 이스라엘이 애굽의 속박에서 벗어날 수 있었던 것은, 하나님이 출애굽 언약을 성취하신 결과입니다.

모세 언약에 있어서 출애굽이 가장 먼저라는 것은 의미심장합니다. 하나님은 십계명을 근거로 이스라엘을 구원하시지 않았습니다. 구원하신 다음에 십계명을 주셨습니다. 따라서 출애굽은 전적으로 하나님의 은혜입니다. 그렇다면 하나님이 이스라엘을 애굽에서 구원하신 이유는 무엇일까요? 그들과 종주권 언약을 맺기 위해서입니다. 종주권 언약의 내용은 다음과 같습니다.

둘째, 종주권 언약

하나님은 모세에게 다음과 같이 말씀하셨습니다.

세계가 다 내게 속하였나니 너희가 내 말을 잘 듣고 내 언약을 지키면 너희는 모든 민족 중에서 내 소유가 되겠고 너희가 내게 대하여 제사장 나라가 되며 거룩한 백성이 되리라 너는 이 말을 이스라엘 자손에게 전할지니라 _ 출 19:5-6

이상의 말씀은 종주권 언약의 형식을 취하고 있습니다. 종주권 언약이란 왕과 백성 간에 맺는 언약입니다. 종주권 언약을 통해 왕은 백성들을 다스리고, 백성들은 왕에게 순종했습니다.

하나님은 종주권 언약을 통해 이스라엘을 자신의 소유로 삼으셨습니다. 이것은 이스라엘을 통해 하나님 나라를 세우실 것을 의미합니다. 하나님은 이스라엘을 제사장 나라로 삼으셨습니다. 이것은 이스라엘을 통해 세상에 복을 주실 것을 의미합니다. 하나님은 이스라엘을 거룩한 백성으로 삼으셨습니다. 이것은 이스라엘이 세상과 구별된 거룩한 삶을 살아야 한다는 의미입니다. 그렇다면 이스라엘이 세상과 구별된 거룩한 삶을 사는 방법은 무엇일까요? 십계명입니다. 십계명의 내용은 다음과 같습니다.

셋째, 십계명 언약

하나님은 모세에게 다음과 같이 말씀하셨습니다.

> 하나님이 이 모든 말씀으로 말씀하여 이르시되 나는 너를 애굽 땅, 종 되었던 집에서 인도하여 낸 네 하나님 여호와니라 너는 나 외에는 다른 신들을 네게 두지 말라 _ 출 20:1-3

이것은 십계명의 머리말과 제1계명입니다. 이다음부터 십계명의 나머지 부분이 이어집니다. 중요한 것은 십계명이 구원의 근거로 제시되지 않는다는 점입니다. 십계명은 구원의 근거가 아니라 감사의 도구로 제시됩니다. 하나님이 이스라엘을 구원하셨으므로, 이스라엘은 십계명에 순종하는 삶으로 감사를 나타내야 합니다.

십계명의 핵심은 하나님 사랑과 이웃 사랑입니다. 첫 네 계명은 하나님 사랑과 관련되어 있고, 다음 여섯 계명은 이웃 사랑과 관련되어 있습니다. 따라서 이스라엘은 하나님을 사랑하고, 이웃을 사랑하는 나라가 되어야 합니다. 그렇다면 이스라엘이 하나님을 사랑하는 방법은 무엇일까요? 그 핵심은 의식법에 있습니다.

넷째, 의식법

하나님은 십계명을 주신 다음에, 추가적인 율법들을 주셨습니다. 이 율법들은 주로 제사 의식과 관련되어 있기에 의식법이라고 불립니다. 의식법은 그 자체로도 의미가 있지만, 진정한 역할은 예수님을 예표하는 데 있습니다.

성막을 예로 들어 보겠습니다. 하나님은 이스라엘 백성에게 성막을 만들라고 하셨습니다. 성막은 하나님의 집으로써 하나님이 이스라엘과 함께하신다는 사실을 의미합니다. 이것은 궁극적으로 예수님이 이 땅에 오셔서 우리와 함께하실 것을 예표합니다.

희생 제사를 예로 들어 보겠습니다. 하나님은 이스라엘 백성에게 짐승으로 제사를 드리라고 하셨습니다. 하나님은 짐승의 죽음을 보시고, 사람의 죄를 용서하신다고 하셨습니다. 이것은 궁극적으로 예수님의 십자 죽음을 예표합니다.

모세 언약의 목적

하나님이 모세와 언약을 맺으신 목적은 다음과 같습니다.

첫째, 아브라함 언약의 성취입니다. 하나님은 아브라함의 후손을 통해 세상에 복을 주겠다고 약속하셨습니다. "내가 너로 큰 민족을 이루고 네게 복을 주어 네 이름을 창대하게 하리니 너는 복이 될지라"(창 12:2). 하나님은 이스라엘을 자기 백성 삼으심으로써 이 언약을 성취하셨습니다. 이스라엘은 세상을 구원하는 하나님의 도구로 쓰임 받았습니다.

둘째, 하나님의 백성들에게 거룩한 삶의 지침을 제공하기 위해서입니다. 하나님은 이스라엘을 애굽에서 구원하셨습니다. 그리고 이스라엘을 하나님의 백성으로 삼으셨습니다. 따라서 이스라엘은 세상 사람들과는 다르게 살아야 합니다. 세상 사람들과는 구별되게 살아야 합니다. 그러기 위해서는 거룩한 삶의 지침이 있어야 합니다. 바로 이것이 하나님이 모세 언약을 맺으신 이유입니다. 모세 언약의 핵심인 십계명은 거룩한 삶의 지침입니다. 이것은 지금도 마찬가지입니다. 사도 바울은 우리가 구원받은 목적이 하나님의 백성다운 거룩한 삶을 위해서라고 말합니다. "그가 우리를 대신하여 자신을 주심은 모든 불법에서 우리를 속량하시고 우리를 깨끗하게 하사 선한 일을 열심히 하는 자기 백성이 되게 하려 하심이라"(딛 2:14).

셋째, 그리스도를 예표하기 위해서입니다. 모세 언약의 상당 부분이 의식법과 관련되어 있습니다. 레위기와 신명기는 의식법을 설명하는 데 많은 지면을 할애합니다. 의식법의 핵심은 예수님입니다. 의식법은 그 자체로도 의미가 있지만, 근본적인 의미는 오실 예수님을 예표하는 데 있습니다. 성막과 희생 제사가 대표적입니다.

넷째, 율법과 복음의 관계를 보여주기 위해서입니다. 하나님은 이스라엘을 애굽에서 구원하신 다음에 율법을 주셨습니다. 따라서 율법은 구원의 전제 조건이 아닙니다. 구원의 결과가 율법입니다. 구원받기 위해서 율법을 지키는 것이 아니라, 구원받았기 때문에 율법을 지켜야 합니다. 그러므로 율법은 복음의 열매입니다. 복음을 믿는 사람은 율법을 행하게 됩니다. 예수님을 진정으로 사랑하는 사람은 율법을 행하지 않을 수 없습니다. "너희가 나를 사랑하면 나의 계명을 지키리라"(요 14:15).

Q 하나님이 아브라함에게 큰 민족을 약속하신 이유는 무엇입니까?

Q 모세 언약이 은혜 언약임을 보여주는 근거는 무엇입니까?

Q 이스라엘이 애굽의 속박에서 벗어날 수 있었던 근거는 무엇입니까?

Q 하나님은 이스라엘을 자신의 소유로 삼으시려고 어떤 언약을 맺으셨습니까?

Q 의식법의 진정한 역할은 무엇입니까?

Q 하나님이 모세와 언약을 맺으신 목적은 무엇입니까?

　①

　②

　③

　④

언약으로 본 구속사

| 구속
언약 | → | 아담
언약 | → | 원시
복음 | → | 노아
언약 | → | 아브라함
언약 | → | 모세
언약 | → | 다윗
언약 | → | 새
언약 |

구속 언약 언약의 근거	창세 전에 삼위 하나님께서 우리의 구원을 협의하시고, 각자의 사역을 분담하신 언약
	우리의 구원자는 교회의 머리이시다.
아담 언약 행위 언약	하나님이 인류를 영광의 상태에 이르게 하시려고 완전한 순종을 조건으로 맺으신 언약
	우리의 구원자는 마지막 아담이시다.
원시 복음 은혜 언약	타락한 인류에게 최초로 예수님을 믿음으로써 구원 얻을 것을 약속하신 언약
	우리의 구원자는 여자의 후손이시다.
노아 언약 은혜 언약	예수님이 (다시) 오실 때까지 세상이 보존될 것을 약속하신 언약
	구원자가 오실 때까지 세상은 보존된다.
아브라함 언약 은혜 언약	아브라함의 후손을 통해 세상에 복 주실 것을 약속하신 언약
	우리의 구원자는 아브라함의 후손이시다.
모세 언약 은혜 언약	하나님이 이스라엘을 자기 백성 삼으시고, 그들을 통해 세상에 복 주실 것을 약속하신 언약
	우리의 구원자는 이스라엘의 후손이시다.

7
다윗 언약

여호와가 너를 위하여 집을 짓고 네 수한이 차서 네 조상들과 함께 누울 때에 내가 네 몸에서 날 네 씨를 네 뒤에 세워 그의 나라를 견고하게 하리라 그는 내 이름을 위하여 집을 건축할 것이요 나는 그의 나라 왕위를 영원히 견고하게 하리라 _ 삼하 7:11-13

다윗 언약의 배경

다윗 언약의 뿌리는 야곱까지 거슬러 올라갑니다. 야곱에게는 열두 명의 아들이 있었습니다. 유다는 그 중 넷째 아들이었습니다. 야곱은 다음과 같이 유다를 축복했습니다.

유다는 사자 새끼로다 내 아들아 너는 움킨 것을 찢고 올라갔도다 그가 엎드리고 웅크림이 수사자 같고 암사자 같으니 누가 그를 범할 수 있으랴 규가 유다를 떠나지 아니하며 통치자의 지팡이가 그 발 사이에서 떠나지 아니하기를 실로가 오시기까지 이르리니 그에게 모든 백성이 복종하리로다 _ 창 49:9-10

야곱은 유다의 후손 가운데 '사자'와 '통치자'가 나올 것이라고 예언했습니다. 둘 다 왕을 의미합니다. 바로 여기서 "유다 지파의 사자"라는 말이 나왔습니다.

야곱의 예언처럼 유다 지파에서 왕이 나왔습니다. 다윗입니다. 야곱의 예언은 일차적으로 다윗을 통해 성취되었습니다. 하지만 진정한 유다 지파의 사자는 예수님입니다. 사도 요한은 예수님이야말로 진정한 유다 지파의 사자라고 말했습니다.

> 장로 중의 한 사람이 내게 말하되 울지 말라 유대 지파의 사자 다윗의 뿌리가 이겼으니 그 두루마리와 그 일곱 인을 떼시리라 하더라 내가 또 보니 보좌와 네 생물과 장로들 사이에 한 어린양이 서 있는데 일찍이 죽임을 당한 것 같더라 그에게 일곱 뿔과 일곱 눈이 있으니 이 눈들은 온 땅에 보내심을 받은 하나님의 일곱 영이더라 _ 계 5:5-6

사도 요한은 유다 지파의 사자가 어린양이라고 말합니다. 어린양은 우리를 위해 대신 죽으신 예수 그리스도입니다.

하나님은 야곱의 예언을 이루셨습니다. 하나님은 유다 지파 출신인 다윗을 이스라엘의 제2대 왕으로 세우셨습니다. 그러던 어느 날 다윗은 다음과 같은 생각을 하게 되었습니다. "나는 백향목 궁에 살거늘 하나님의 궤는 휘장 가운데에 있도다"(삼하 7:2). 다윗은 웅장한 궁궐에서 살고 있는데, 하나님은 초라한 성막에서 지내신다는 뜻입니다. 다윗은 하나님의 집을 짓겠다고 결심한 것입니다.

하지만 하나님은 다윗이 하나님의 집을 짓는 것이 아니라, 하나님이 다윗의 집을 지어주겠다고 약속하셨습니다. 다윗의 후손이 대대로 하나님의 백성들을 다스리게 하겠다고 약속하셨습니다. 이 약속이 바로 다윗 언약입니다.

다윗 언약의 내용

하나님은 다윗과 다음과 같은 언약을 맺으셨습니다.

> 여호와가 너를 위하여 집을 짓고 네 수한이 차서 네 조상들과 함께 누울 때
> 에 내가 네 몸에서 날 네 씨를 네 뒤에 세워 그의 나라를 견고하게 하리라
> 그는 내 이름을 위하여 집을 건축할 것이요 나는 그의 나라 왕위를 영원히
> 견고하게 하리라 _ 삼하 7:11-13

우리는 여기서 다음과 같은 사실들을 알 수 있습니다.

첫째, 하나님의 집은 다윗이 아니라 다윗의 아들을 통해 세워질 것입니다. 실제로 다윗의 아들 솔로몬에 의해 하나님의 성전이 건축되었습니다.

둘째, 하나님이 다윗의 집을 지어주실 것입니다. 이 집은 다윗 왕조를 말합니다. 실제로 다윗의 후손들은 대대로 이스라엘을 통치했습니다. 다윗 왕조는 무려 400년 동안이나 존속되었습니다.

셋째, 하나님은 다윗 왕조가 영원히 견고하게 하실 것입니다. 이 약속은 예수님을 통해 성취되었습니다. 다윗 왕조는 사라졌지만, 다윗의 후손이신 예수님은 영원토록 왕으로 통치하실 것입니다.

다윗 언약의 목적

하나님이 다윗과 언약을 맺으신 목적은 다음과 같습니다.

첫째, 우리의 구원자가 다윗의 후손으로 오심을 알려주기 위해서입니다. 실제로 예수님은 다윗의 후손으로 오셨습니다. "앞에서 가고 뒤에서 따르는 무리가 소리 높여 이르되 호산나 다윗의 자손이여 찬송하리로다 주의 이름으로 오시는 이여 가장 높은 곳에서 호산나

하더라"(마 21:9).

둘째, 우리의 구원자가 왕으로 오심을 알려주기 위해서입니다. 실제로 예수님은 이스라엘의 임금이자(요1:29), 만민을 다스리는 왕이십니다. "아버지께서 아들에게 주신 모든 사람에게 영생을 주게 하시려고 만민을 다스리는 권세를 아들에게 주셨음이로소이다"(요 17:2).

Q 야곱은 유다의 후손 가운데 어떤 존재가 나타날 것이라고 했습니까?

Q 야곱의 예언은 일차적으로 누구를 통해 성취되었습니까?

Q 야곱의 예언이 궁극적으로 가리키는 분은 누구입니까?

Q 하나님이 지어주신 다윗의 집은 무엇입니까?

Q 하나님이 왕위를 영원히 견고하게 하신 다윗 왕조의 왕은 누구입니까?

Q 하나님이 다윗과 언약을 맺으신 목적은 무엇입니까?

①

②

언약으로 본 구속사

구속 언약 → 아담 언약 → 원시 복음 → 노아 언약 → 아브라함 언약 → 모세 언약 → 다윗 언약 → 새 언약

구속 언약 언약의 근거	창세 전에 삼위 하나님께서 우리의 구원을 협의하시고, 각자의 사역을 분담하신 언약
	우리의 구원자는 교회의 머리이시다.
아담 언약 행위 언약	하나님이 인류를 영광의 상태에 이르게 하시려고 완전한 순종을 조건으로 맺으신 언약
	우리의 구원자는 마지막 아담이시다.
원시 복음 은혜 언약	타락한 인류에게 최초로 예수님을 믿음으로써 구원 얻을 것을 약속하신 언약
	우리의 구원자는 여자의 후손이시다.
노아 언약 은혜 언약	예수님이 (다시) 오실 때까지 세상이 보존될 것을 약속하신 언약
	구원자가 오실 때까지 세상은 보존된다.
아브라함 언약 은혜 언약	아브라함의 후손을 통해 세상에 복 주실 것을 약속하신 언약
	우리의 구원자는 아브라함의 후손이시다.
모세 언약 은혜 언약	하나님이 이스라엘을 자기 백성 삼으시고, 그들을 통해 세상에 복 주실 것을 약속하신 언약
	우리의 구원자는 이스라엘의 후손이시다.
다윗 언약 은혜 언약	하나님이 다윗의 후손을 영원한 왕으로 세우실 것을 약속하신 언약
	우리의 구원자는 다윗의 후손이시다.

8
새 언약

여호와의 말씀이니라 보라 날이 이르리니 내가 이스라엘 집과
유다 집에 새 언약을 맺으리라 _ 렘 31:31

새 언약의 배경

새 언약이라는 말은 구약에 단 한 번 등장합니다. 예레미야 31장
31절입니다. "여호와의 말씀이니라 보라 날이 이르리니 내가 이스
라엘 집과 유다 집에 새 언약을 맺으리라." 바로 여기서 옛 언약이라
는 말이 나왔습니다. '옛 언약'은 처음부터 '옛 언약'으로 불렸던 것
이 아닙니다. 새 언약과 구분하기 위해서 옛 언약이라는 용어를 사
용한 것입니다. 그리고 여기서 구약과 신약이라는 말이 나왔습니
다. 구약은 옛 언약을, 신약은 새 언약을 의미합니다.

구약 시대에 하나님의 은혜는 크게 세 직분을 통해 전해졌습니
다. 선지자, 제사장, 왕입니다. 하나님은 선지자를 통해 말씀의 은
혜를, 제사장을 통해 죄 사함의 은혜를, 왕을 통해 보호하심의 은혜
를 베풀어 주셨습니다. 이들을 임명할 때 기름을 부었기 때문에, 이
세 직분을 통틀어 메시아라고 불렀습니다. 메시아는 "기름 부음 받
은 자"라는 뜻이고, 그리스도는 메시아의 헬라어 표현입니다.

구약의 메시아는 저마다 부족함과 흠이 있었습니다. 선지자라 할지라도 하나님의 뜻을 다 아는 것은 아니었고, 제사장이라 할지라도 죄를 완전히 해결할 수 있는 것은 아니었으며, 왕이라 할지라도 백성들을 항상 보호할 수 있는 것은 아니었습니다. 그래서 구약의 하나님 백성들은 참된 메시아가 오시기를 소망하고 고대했습니다.

그리고 때가 되었을 때 하나님의 아들이 이 세상에 오셨습니다. 참 선지자, 참 제사장, 참 왕으로 이 세상에 오셨습니다. 하나님의 은혜로 베드로는 예수님이 누구신지 알게 되었습니다. 베드로는 이렇게 고백했습니다. "주는 그리스도시요 살아 계신 하나님의 아들이시니이다"(마 16:16). 구약의 하나님 백성들이 그토록 기다렸던 메시아(그리스도)가 드디어 오신 것입니다.

새 언약의 내용

옛 언약은 참된 선지자, 참된 제사장, 참된 왕이 올 것을 예고했습니다. 예수님은 다음과 같이 옛 언약을 성취하시고, 새 언약의 시대를 시작하셨습니다.

첫째, 예수님은 참된 선지자가 되심으로 옛 언약을 성취하셨습니다. 예수님은 구약의 선지자들과 달랐습니다. 구약의 선지자들은 하나님에 대해 충분히 알지 못했고, 그들 중 상당수는 거짓 선지자였습니다(렘 14:14). 하지만 예수님은 하나님에 대해 모든 것을 알고 계셨고, 심지어 예수님의 말씀이 곧 하나님의 말씀이었습니다(요 10:30).

둘째, 예수님은 참된 제사장이 되심으로 옛 언약을 성취하셨습니다. 예수님은 구약의 제사장들과 달랐습니다. 구약의 제사장들은 매일 반복해서 제사를 드려야 했지만, 예수님은 한 번의 제사로 충분했습니다. 구약의 제사장들은 짐승으로 제사를 드렸지만, 예수님은 자신의 몸으로 제사를 드렸기 때문입니다. "이 뜻을 따라 예수 그리스도의 몸을 단번에 드리심으로 말미암아 우리가 거룩함을 얻었노라"(히 10:10)

셋째, 예수님은 참된 왕이 되심으로 옛 언약을 성취하셨습니다. 예수님은 구약의 왕들과 달랐습니다. 구약의 왕들이 가지고 있는 권세는 제한적이었습니다. 구약의 왕들은 백성들을 항상 보호하지 못했습니다. 특히 구약의 왕들은 죽음의 권세 앞에서 미약한 존재였습니다. 하지만 예수님은 만민을 다스리는 권세를 가진 왕이시고(요 17:2), 자기 백성들과 영원히 함께하시는 왕이시며(마 28:20), 사망까지도 정복한 왕이십니다. "그가 모든 원수를 그 발 아래에 둘 때까지 반드시 왕 노릇 하시리니 맨 나중에 멸망 받을 원수는 사망이니라"(고전 15:25-26).

새 언약의 목적

하나님은 자기 백성들과 새 언약을 맺으셨습니다.

> 여호와의 말씀이니라 보라 날이 이르리니 내가 이스라엘 집과 유다 집에 새 언약을 맺으리라 _ 렘 31:31

하나님이 자기 백성들과 새 언약을 맺으신 이유는 다음과 같습니다.

첫째, 옛 언약을 성취하기 위해서입니다. 성경은 옛 언약이 부족한 언약이라고 말합니다(히 8:7). 예를 들어, 구약의 제사는 그 자체로는 죄를 해결할 능력이 없습니다. 그럼에도 불구하고 하나님이 구약의 제사를 통해 백성들의 죄를 용서하신 이유는, 구약의 제사가 예수님의 제사를 예표하는 그림자이기 때문입니다(히 8:5). 따라서 옛 언약은 성취되어야 했습니다. 옛 언약의 실체가 오셔야 했습니다.

둘째, 죄 사함을 온전히 이루기 위해서입니다. 옛 언약을 통해서도 죄를 용서받을 수 있었습니다. "염소와 황소의 피와 및 암송아지의 재를 부정한 자에게 뿌려 그 육체를 정결하게 하여 거룩하게 하거든"(히 9:13). 하지만 구약의 제사는 죄를 온전히 해결하지 못했습니다. 반면 예수님의 제사는 죄 사함을 온전히 이루는 제사입니다. "하물며 영원하신 성령으로 말미암아 흠 없는 자기를 하나님께 드린 그리스도의 피가 어찌 너희 양심을 죽은 행실에서 깨끗하게 하고 살아 계신 하나님을 섬기게 하지 못하겠느냐"(히 9:14).

셋째, 예수님만이 온전한 중보자이시기 때문입니다. 역사상 수많은 중보자가 있었습니다. 모세도 중보자였고, 선지자, 제사장, 왕도 중보자였습니다. 하지만 그들은 온전한 중보자는 아니었습니다. 그들은 하나님과 우리의 관계를 완전히 회복할 수 없었습니다. 오직 예수님만이 하나님과 우리 사이를 온전히 회복하십니다. "하나님은 한 분이시요 또 하나님과 사람 사이에 중보자도 한 분이시니 곧 사람이신 그리스도 예수라"(딤전 2:5)

넷째, 우리가 담대히 하나님께 나아가도록 하기 위해서입니다. 옛 언약의 제사는 부족하기에 하나님 앞에서 담대함을 가질 수 없습니다(히 10:1). 하지만 새 언약의 제사는 완전합니다. 그래서 신자들은 담대히 하나님 앞에 나아갈 수 있습니다. "그러므로 형제들아 우리가 예수의 피를 힘입어 성소에 들어갈 담력을 얻었나니"(히 10:19).

다섯째, 우리를 하나님의 백성 삼으시기 위해서입니다. 구약의 이스라엘도 하나님의 백성이었습니다. 하지만 그들은 자주 하나님을 떠났고, 쉽게 하나님의 언약을 어겼습니다. "그들은 내 언약 안에 머물러 있지 아니하므로 내가 그들을 돌보지 아니하였노라"(히 8:9). 하지만 신약의 신자들은 하나님과 맺은 언약 관계에서 떨어질 수 없습니다. 하나님이 새 언약을 돌에 새긴 것이 아니라 마음에 새기셨기 때문입니다. "또 주께서 이르시되 그날 후에 내가 이스라엘 집과 맺을 언약은 이것이니 내 법을 그들의 생각에 두고 그들의 마음에 이것을 기록하리라 나는 그들에게 하나님이 되고 그들은 내게 백성이 되리라"(히 8:10).

나눔을 위한 질문

Q 하나님의 은혜는 구약 시대에 어떤 사람들을 통해서 전달되었습니까?

Q 왜 구약의 하나님 백성들은 참된 메시아를 소망하고 고대했습니까?

Q 예수님은 어떻게 옛 언약을 성취하셨습니까?

①

②

③

Q 하나님이 자기 백성들과 새 언약을 맺으신 목적은 무엇입니까?

①

②

③

④

⑤

언약으로 본 구속사

구속 언약 → 아담 언약 → 원시 복음 → 노아 언약 → 아브라함 언약 → 모세 언약 → 다윗 언약 → 새 언약

구속 언약 언약의 근거	창세 전에 삼위 하나님께서 우리의 구원을 협의하시고, 각자의 사역을 분담하신 언약
	우리의 구원자는 교회의 머리이시다.
아담 언약 행위 언약	하나님이 인류를 영광의 상태에 이르게 하시려고 완전한 순종을 조건으로 맺으신 언약
	우리의 구원자는 마지막 아담이시다.
원시 복음 은혜 언약	타락한 인류에게 최초로 예수님을 믿음으로써 구원 얻을 것을 약속하신 언약
	우리의 구원자는 여자의 후손이시다.
노아 언약 은혜 언약	예수님이 (다시) 오실 때까지 세상이 보존될 것을 약속하신 언약
	구원자가 오실 때까지 세상은 보존된다.
아브라함 언약 은혜 언약	아브라함의 후손을 통해 세상에 복 주실 것을 약속하신 언약
	우리의 구원자는 아브라함의 후손이시다.
모세 언약 은혜 언약	하나님이 이스라엘을 자기 백성 삼으시고, 그들을 통해 세상에 복 주실 것을 약속하신 언약
	우리의 구원자는 이스라엘의 후손이시다.
다윗 언약 은혜 언약	하나님이 다윗의 후손을 영원한 왕으로 세우실 것을 약속하신 언약
	우리의 구원자는 다윗의 후손이시다.
새 언약 언약의 완성	하나님이 옛 언약을 성취하신 언약
	우리의 구원자는 예수 그리스도이시다.

9
은혜 언약과 행위 언약의 관계

첫 아담과 둘째 아담

성경은 두 아담이 있다고 말합니다(고전 15:45). 첫 아담과 둘째 아담입니다. 첫 아담은 인류의 시조를, 둘째 아담은 예수님을 의미합니다. 예수님을 둘째 아담이라고 하는 이유는, 아담이라는 이름에 '대표'라는 의미가 내포되어 있기 때문입니다.

하나님은 인류의 시조인 아담과 행위 언약을 맺으셨습니다. 아담은 인류의 대표였으므로, 행위 언약 역시 개인의 자격으로 맺은 것이 아니었습니다. 아담은 인류의 대표 자격으로 하나님과 행위 언약을 맺었습니다. 인류의 운명을 짊어진 것입니다. 아담의 순종은 모든 인류의 순종이요, 아담의 불순종은 모든 인류의 불순종이었습니다.

결과는 우리가 아는 대로입니다. 아담은 행위 언약에 실패했습니다. 인류의 대표였던 아담은 이 세상에 죄와 사망이 들어오게 만든 장본인이 되었습니다. 아담은 온 인류를 죽음으로 몰아넣었습니다.

그리고 둘째 아담이 오셨습니다. 예수님은 첫 아담과 같은 상황에 놓이셨습니다. 아담이 대표였던 것처럼 예수님도 대표였습니다. 하지만 중대한 차이점이 있었습니다. 아담은 모든 인류의 대표이지만, 예수님은 택자들의 대표입니다. 예수님은 하나님께 택함 받은 사람들, 즉 믿음으로 예수님께 속한 사람들의 대표입니다(엡 1:23).

또 다른 차이점도 있습니다. 첫 아담은 행위 언약에 실패했지만, 둘째 아담은 행위 언약에 성공하셨습니다. 결과적으로 첫 아담은 인류에게 사망을 가져다주었지만, 둘째 아담은 신자들에게 생명을 가져다주셨습니다. "아담 안에서 모든 사람이 죽은 것같이 그리스도 안에서 모든 사람이 삶을 얻으리라"(고전 15:22)

은혜 언약과 행위 언약의 관계

새로운 언약은 이전의 언약을 취소시키지 않습니다. 은혜 언약도 마찬가지입니다. 하나님은 행위 언약을 취소하시지 않았습니다. 행위 언약을 그대로 유지하시면서 새로운 언약을 추가로 주셨습니다. 하나님이 행위 언약을 유지하시면서, 우리와 은혜 언약을 맺으신 방법은, 예수님을 우리의 대표로 세우시고, 예수님을 통해 행위 언약을 성취하신 것입니다. 그러면 예수님의 순종이 곧 우리의 순종이 되고, 예수님의 의가 곧 우리의 의가 되기 때문입니다. "한 범죄로 많은 사람이 정죄에 이른 것 같이 한 의로운 행위로 말미암아 많은 사람이 의롭다 하심을 받아 생명에 이르렀느니라"(롬 5:18).

이처럼 우리가 예수님의 의를 전가 받는 것은 예수님이 행위 언약을 성취하셨기 때문입니다. 예수님은 행위 언약으로 의롭게 되셨고, 우리는 행위 언약을 이루신 예수님을 믿음으로써 의롭게 됩니다. 따라서 예수님의 의는 행위 언약에 근거하고, 우리의 의는 은혜 언약에 근거합니다.

이중 전가

예수님의 십자가 죽음만 믿는 것은, 우리의 죄가 예수님께 전가된 것만 믿는 것입니다. 하지만 성경은 죄의 전가만 말하지 않습니다. 성경은 이중 전가를 말합니다. 우리의 죄가 예수님께 전가될 때, 예수님의 의는 우리에게 전가됩니다.

> 하나님이 죄를 알지도 못하신 이를 우리를 대신하여 죄로 삼으신 것은 우리로 하여금 그 안에서 하나님의 의가 되게 하려 하심이라 _ 고후 5:21

사도 바울은 우리가 예수님 안에서 하나님의 의가 된다고 말합니다. 예수님의 의가 우리에게 전가된다는 말입니다.

일반적으로 사람들은 예수님의 십자가를 믿는다고 말합니다. 예수님의 십자가 죽음으로 의롭게 된 것을 믿는다고 말합니다. 그것은 반쪽 믿음입니다. 우리는 예수님의 죽음뿐만 아니라 예수님의 순종도 믿어야 합니다. 예수님이 순종을 통해 행위 언약을 성취하신 것을 믿어야 합니다. 그러므로 행위 언약은 취소되지 않았습니다. 예수님 안에서 성취되었습니다.

언약과 구원

하나님이 사람과 맺으신 첫 언약은 아담 언약입니다. 아담 언약은 행위 언약입니다. 아담은 행위 언약을 지키지 못했고, 그 결과는 아담뿐만 아니라 모든 인류에게 미쳤습니다. 아담이 온 인류의 대표이기 때문입니다. 하지만 하나님은 구원을 포기하시지 않았습니다. 하나님의 구원은 삼위께서 영원 전에 맺으신 구속 언약에 근거하고 있기 때문입니다.

그래서 하나님은 둘째 아담을 보내실 것을 약속하셨습니다. 인류에게 죄를 가져다주는 대표가 아니라, 생명을 가져다주는 대표를 약속하셨습니다. 하나님은 그 구원자가 여자를 통해서 태어날 것이라고 하셨습니다. 이때부터 하나님의 백성들은 여자의 후손으로 오실, 둘째 아담을 믿음으로 기다렸습니다.

아담으로 인해 세상에 들어온 죄는, 점점 영향력을 확대했습니다. 결국 온 세상이 죄로 가득하게 되었습니다. 하나님은 죄로 인해 세상을 심판하셨지만, 노아의 가족만은 보존하셨습니다. 노아의 가족은 택함받은 하나님의 백성이었습니다.

하나님은 노아의 후손 가운데 아브라함을 택하시고, 그와 언약을 맺으셨습니다. 하나님은 아브라함의 후손을 통해 세상에 복을 주시겠다고 약속하셨습니다. 이때부터 하나님의 백성들은 아브라함의 후손으로 오실 구원자를 믿음으로 기다렸습니다.

하나님은 아브라함의 후손 가운데 모세를 택하시고, 그를 통해 이스라엘과 언약을 맺으셨습니다. 하나님은 이스라엘 민족을 통해 세상에 복을 주시겠다고 약속하셨습니다. 이때부터 하나님의 백성들은 이스라엘의 후손으로 오실 구원자를 믿음으로 기다렸습니다. 특히 유다의 후손으로 오실 유다 지파의 사자를 기다렸습니다.

하나님은 이스라엘 백성 가운데 다윗을 택하시고, 그와 언약을 맺으셨습니다. 하나님은 다윗의 후손 가운데 영원히 다스릴 왕이 나올 것이라고 하셨습니다. 이때부터 하나님의 백성들은 다윗의 후손으로 오실 구원자를 믿음으로 기다렸습니다.

오랜 시간이 지났지만, 다윗의 후손은 나타나지 않았습니다. 백성들의 믿음은 점점 약해졌습니다. 이때 하나님은 예레미야 선지자를 통해 말씀하셨습니다. 하나님은 전혀 새로운 방식으로 언약을 성취할 것이라고 하셨습니다. 이때부터 하나님의 백성들은 메시아가 오셔서 옛 언약을 성취할 날을 기다렸습니다.

그리고 때가 되었을 때, 예수 그리스도가 세상에 오셨습니다. 그분은 참 선지자, 참 제사장, 참 왕이었습니다. 그분은 구약의 그리스도들과 전혀 다른 완전한 그리스도였습니다. 옛 언약에 속한 모든 약속이 예수님 안에서 성취되기 시작했습니다.

이제 우리는 예수님이 다시 오실 날을 기다립니다. 우리가 부활할 날을 기다립니다. 하나님이 새 언약을 완전히 성취하실 날을 기다립니다. 그날에는 모든 눈물과 애통이 사라질 것입니다. 모든 사망과 아픔이 사라질 것입니다(계 21:4). 그래서 우리는 다음과 같이 고백합니다.

아멘 주 예수여 오시옵소서 _ 계 22:20

◖ 예수님을 둘째 아담이라고 하는 이유는 무엇입니까?

◖ 첫 아담과 둘째 아담의 공통점과 차이점은 각각 무엇입니까?

◖ 행위 언약은 취소되었습니까?

◖ 예수님이 우리에게 의를 전가해 주실 수 있는 이유는 무엇입니까?

◖ 예수님의 의와 우리의 의는 각각 어떤 언약에 근거합니까?

◖ 행위 언약은 누구를 통해 성취되었습니까?